Weihnachtsmann, wo steckst du?

Originalausgabe

Copyright © 2013 by Bastei Lübbe AG, Köln

Umschlaggestaltung und Satz: Götz Rohloff – Die Buchmacher, Köln
Einbandmotiv: Leonore Poth
Gesetzt aus der Schrift: Bodoni Hand, Linoletter
Druck und Einband: Himmer AG, Augsburg

Printed in Germany
ISBN 978-3-414-82370-0

5   4   3   2   1

Sie finden uns im Internet unter: www.boje-verlag.de

Weihnachtsmann, wo steckst du?

Als der Weihnachtsmann am Heiligen Abend das letzte Geschenk verteilt hatte, musste er plötzlich niesen. Dabei rutschte er aus und stolperte gegen seinen Schlitten. Dummerweise verstanden seine Rentiere das Gepolter als Startzeichen und galoppierten los, direkt zurück ins Weihnachtsmannland.

Nur leider ohne den Weihnachtsmann.

Das war großes Pech. Denn nun musste der Weihnachtsmann ein ganzes Jahr auf der Erde bleiben. Dabei durfte er sich den Menschen doch nur an Heiligabend zeigen! Wenn ihn jemand zu einer anderen Zeit als Weihnachtsmann erkannte, würde das Fest für immer ausfallen. So stand es in den Weihnachtsregeln.

Aber wie sollte es dem Weihnachtsmann nur gelingen, ein ganzes Jahr lang nicht aufzufallen?

Endlich war es wieder Heiligabend.

Als die Rentiere mit dem Schlitten auf die Erde zurückkehrten und dort den Weihnachtsmann sahen, wunderten sie sich nicht schlecht. Sie hatten gar nicht bemerkt, dass er das ganze Jahr hiergeblieben war.

Zum Glück hatte ihn in dieser Zeit niemand erkannt. Denn so konnte das große Fest wie gewohnt stattfinden. Der Weihnachtsmann verteilte alle Geschenke. Doch diesmal nieste und stolperte er nicht und flog mit seinem Rentierschlitten zurück ins Weihnachtsmannland.

Erst in einem Jahr würde er wiederkommen.

Alexandra Maxeiner, geboren 1971, hat
Theaterwissenschaft, Filmwissenschaft
und Ethnologie studiert. Sie schreibt Bücher,
Drehbücher und Theaterstücke für Kinder
und Erwachsene. 2011 wurde sie mit dem
Deutschen Jugendliteraturpreis ausgezeichnet.

Leonore Poth, geboren 1959, hat an der
Hochschule für Gestaltung in Offenbach
studiert und ist seit 1989 als Zeichnerin,
Grafikerin und Zeichentrickfilmerin tätig.
Sie wurde u.a. mit dem Hessischen
Drehbuchpreis ausgezeichnet und für den
gläsernen Bären der Berlinale nominiert.